INSTRUCTION PUBLIQUE.

FACULTÉ DE DROIT DE STRASBOURG.

ACTE PUBLIC

SUR

LE CONTRAT DE RENTE VIAGÈRE;

QUI SERA SOUTENU

A LA FACULTÉ DE DROIT DE STRASBOURG,

Le Mardi 24 Août 1819, à quatre heures de relevée,

POUR OBTENIR LE GRADE DE LICENCIÉ EN DROIT,

PAR

CHARLES BRÉVILLE,

BACHELIER EN DROIT ET ÈS-LETTRES,

DE STRASBOURG (DÉPARTEMENT DU BAS-RHIN).

STRASBOURG,

De l'imprimerie de LEVRAULT, impr. de la Faculté de Droit.

1819.

M. Hermann, Chevalier de l'Ordre royal de la Légion d'Honneur,
Doyen de la Faculté de Droit.

EXAMINATEURS:

MM. Arnold,

  Hermann,   } Professeurs.

  Thieriet de Luyton,

  Kern, ... Professeur-suppléant.

DU CONTRAT
DE RENTE VIAGÈRE.

~~~~~~~~~~~~~~~~~~~~

CHAPITRE PREMIER.

Définition et nature.

Le contrat de constitution de rente viagère est un contrat par lequel une des parties acquiert de l'autre, moyennant une certaine somme, une rente annuelle qui ne doit durer qu'autant que la vie d'une ou de plusieurs personnes.[1]

Dans le Droit romain, le contrat de rente viagère n'étoit pas en usage, parce que les lois romaines permettoient de stipuler l'intérêt de l'argent que l'on prêtoit[2]; on n'y connoissoit que les rentes, pensions et prestations annuelles.

Dans l'ancien Droit, la doctrine des auteurs, appuyée de la jurisprudence des parlemens, tenoit lieu de lois en cette partie.

Les lois de la révolution ne présentent sur cette matière que des dispositions assez indifférentes à connoître.

Ce contrat est du nombre des contrats *intéressés* de part et d'autre, et dans lesquels chacune des parties entend recevoir l'équivalent de ce qu'elle donne, soit en réalité, soit en risques, soit en espérances.

---

1 Maleville, Répert. univ. et rais., *verbo* Rente.
2 Esprit des lois, liv. XXII, chap. 22.

Il est *aléatoire :* en effet, quand la personne sur la tête de qui la rente a été constituée, meurt peu de temps après le contrat, le constituant a donné, en équivalent du prix de la constitution, le risque qu'il a couru de payer long-temps la rente ; pareillement, quand l'acquéreur de la rente a reçu beaucoup au-delà du principal et des intérêts de la somme qu'il a donnée pour le prix de la constitution, il est censé avoir reçu cet excédant comme l'équivalent du risque qu'il a couru de perdre cette somme, si lui ou un autre sur la tête de qui la rente a été constituée, fût décédé immédiatement après le contrat.

Unilatéral, toutes les fois que le prix ne consiste ni en immeuble ni en chose mobilière dont la possession seule ne fasse pas titre ; car, hors ces deux cas, il ne produit d'obligation que de la part du constituant.

Réel, parce qu'il n'est parfait que par le paiement de la somme ou la tradition de la chose convenue pour le prix de la constitution ; ce n'est que du jour de la tradition de la chose ou du paiement de la somme, que l'obligation du constituant est contractée et que la rente commence à courir.

Lorsque la rente n'excède pas l'intérêt légitime de l'argent, le contrat est censé renfermer une donation de la somme que reçoit le constituant, sous la réserve de la jouissance pendant le temps que doit durer la rente, pour le prix de laquelle jouissance le constituant s'engage à payer la rente.

Cette donation étant d'une somme de deniers, elle reçoit sa perfection par la tradition réelle des deniers, sans qu'il faille que l'acte soit conçu dans la forme d'une donation, ni qu'il soit transcrit. [1]

---

[1] POTHIER, Traité du contrat de constitution, n.ᵒˢ 219 et 220. MALEVILLE, Répert. univ. et rais., *verbo* Rente.

CHAPITRE II.

Des conditions requises pour la validité du contrat de rente viagère.

La rente viagère peut être constituée à titre onéreux et à titre gratuit. [1]

§. 1.er

De la rente viagère constituée à titre gratuit.

Elle est constituée à titre gratuit lorsqu'on la constitue soi-même par donation ou par testament, sans en recevoir le prix : elle est constituée à titre libéral, lorsqu'on paie le prix d'une rente viagère constituée au profit d'une autre personne.

Dans le premier cas, il est impossible de la soustraire aux formes requises par la loi pour la validité des actes qui la contiennent. [2]

Dans le second cas, il ne lui faut que les formes d'un contrat ordinaire, quoiqu'elle soit une véritable libéralité. [3]

Dans les deux cas, elle ne doit subir que la réduction prononcée contre les donations exorbitantes, ou la nullité qui frappe toute libéralité faite à une personne incapable de recevoir. [4]

La rente viagère à titre gratuit jouit seule d'un privilége protecteur, dont toutes les autres sont privées. Elle prend le caractère sacré des alimens charitables. Elle peut être stipulée incessible et insaisissable[5], et alors aucune attaque, aucune saisie, aucune

---

1 Art. 1968, 1969, Code civ.
2 Art. 1969, *idem.*
3 Art. 1973, *idem.*
4 Art. 1970, *idem.*
5 Art. 1981, *idem.*

poursuite ne pourront ni la détruire ni la suspendre, ni détourner son cours et sa destination. La raison en est que celui qui établit une libéralité, peut y mettre telle condition qu'il lui plaît, pourvu qu'elle ne blesse ni les lois ni les bonnes mœurs. *Unicuique licet quem voluerit modum libertati suœ apponere.*

Or, loin que le Code civil empêche de régler qu'on ne cèdera, qu'on ne saisira point une rente viagère, il dispose au contraire, art. 1981, « qu'elle ne peut être stipulée insaisissable que lors- « qu'elle a été constituée à titre gratuit. »

Lors donc qu'on gratifie un tiers de cette manière, on demeure libre d'interdire toute saisie, d'y ajouter même qu'on ne cédera pas à d'autres l'émolument du don : en ces cas, la disposition de- vra s'exécuter tout entière.

Par rapport à la saisie, le Code de procédure civile va plus loin [1]; car il déclare insaisissable les sommes et pensions pour alimens, encore que le testament ou l'acte de donation ne les dé- clare pas insaisissables.

Tout cela prouve avec quelle exactitude on observe la volonté de celui qui donne ; on recherche scrupuleusement son inten- tion; lorsque les actes ou les circonstances la démontrent, on force toutes parties à la remplir, afin que cette maxime sacrée reçoive toute son exécution : *Dicat testator, et erit lex.*

§. 2.

De la rente viagère constituée à titre onéreux.

1.° Elle peut être constituée moyennant une somme d'argent, ou pour une chose mobilière appréciable, ou enfin pour un im- meuble. [2]

---

1 Art. 531 du Code de procéd. civ.

2 Art. 1968, Code civil.

2.° Elle peut être constituée soit sur la tête du créancier, soit sur la tête d'un tiers qui n'a aucun droit d'en jouir[1], dont on emprunte même la tête quelquefois à son insçu, et qui n'est désigné au contrat uniquement que pour régler la durée de la rente sur celui de sa vie.

C'est pourquoi il n'importe quelle soit la personne sur la tête de qui la rente est constituée ; elle peut l'être même sur la tête d'une personne qui auroit perdu l'état civil.[2]

La rente viagère peut être constituée au taux qu'il plaît aux parties contractantes de fixer.[3]

C'étoit également l'ancienne doctrine. POTHIER observe que les rentes viagères peuvent être créées sur un pied arbitraire, à cause de l'incertitude de leur durée, soit par rapport à l'âge, la santé ou l'état des personnes.[4]

Cette disposition est une des règles fondamentales et distinctives de la rente viagère ; elle ne peut pas être annulée sous prétexte de lésion ou d'usure[5]. L'action rescisoire a toujours été refusée dans les contrats aléatoires, c'est-à-dire, dans tous les contrats qui dépendent d'un événement incertain : *propter incertum eventum.*

Elle ne peut être stipulée insaisissable[6]. Un débiteur pourroit, en plaçant ses fonds en viager, les soustraire à ses créanciers et les frauder.

Enfin, il est de l'essence de ce contrat, que l'acquéreur de la rente aliène l'argent qu'il a payé pour le prix de la consitution, et qu'il ne puisse le répéter du constituant.

---

1 Art. 1971, Code civ.

2 POTHIER, Traité du contrat de constitution, n.° 226.

3 Art. 1976, Code civil.

4 Traité du contrat de constitution, n.° 234.

5 Arrêt de la Cour de cassation, du 11 Prairial an 7.

6 Art. 1981, Cod. civ.

§. 3.

Règles communes aux rentes viagères à titre gratuit et à titre onéreux.

Les contrats de constitution de rente viagère peuvent se faire sur la tête d'une ou de plusieurs personnes. [1]

Mais ces rentes ordinairement se constituent sur la tête de celles des parties contractantes au profit de qui la constitution est faite : elles se constituent néanmoins quelquefois sur la tête d'une autre personne. C'est pourquoi on doit distinguer dans le contrat la personne à qui la rente est constituée, et celle sur la tête de qui elle est constituée.

Quand la rente viagère a été constituée sur plusieurs têtes, elle subsiste tout entière et sans diminution jusqu'au décès de la dernière tête vivante, à moins que le décroissement n'ait été expressément convenu.

La base du contrat de rente viagère étant l'existence de celui sur la tête duquel on l'assied, il doit être vivant au jour de la constitution ; sinon le contrat seroit nul, puisqu'il n'y auroit pas matière à risque, et qu'il seroit sans cause, *condictione sine causa*. [2]

Il en seroit de même quand la rente auroit été constituée sur la tête de deux ou de plusieurs personnes, dont une seulement seroit décédée au jour du contrat.

Le contrat est pareillement sans effet, quand la rente viagère a été créée sur la tête d'une personne atteinte de la maladie dont elle est décédée dans les vingt jours de la date du contrat [3]. Le créan-

---

1 Art. 1972, Cod. civ.

2 Art. 1974, *id.*

3 Art. 1975, *id.*

cier a cru acheter la chance que la rente pourroit avoir une durée un peu considérable; or la loi, dans l'espèce dont il s'agit, considère cette chance comme n'ayant pas existé, et l'événement de la mort prochaine comme ayant été certain au jour du contrat. Cela doit avoir lieu quand même la personne sur la tête de qui la rente auroit été constituée seroit le créancier, parce que l'article 1975 ne distingue pas, et que le motif est le même.[1]

Le cas où les parties contractantes connoissent la maladie de la personne sur la tête de laquelle la rente viagère a été établie, n'offre aucune exception au sujet de la nullité prononcée par le Code civil.[2]

CHAPITRE III.

Des effets du contrat de rente viagère entre les parties contractantes.

Quoique l'acquéreur d'une rente viagère ne puisse pas ordinairement répéter la somme qu'il a payée pour le prix de la constitution, il peut cependant demander la résiliation du contrat,

1.° Si le constituant ne donne pas les sûretés stipulées pour son exécution[3];

2.° S'il s'est rendu coupable de stellionat, parce que le stellionat est un dol qui rescinde les contrats.

Il y a lieu de faire à ce sujet deux observations.

a) Si la rente vient à s'éteindre avant que le créancier se soit plaint et ait donné sa demande, il n'est plus recevable à demander la résolution du contrat. Cela a lieu, même lorsqu'il auroit donné

1 MASSÉ, Parf. Not., tom. I.ᵉʳ, p. 735.
2 Art. 1975. Arrêt de la Cour de Grenoble, du 5 Fructidor an 12.
3 Art. 1977, Cod. civ.

sa demande, si la rente s'éteint avant que la résolution ait été prononcée en justice.

b) A compter du jour que la résolution a été ordonnée, la rente ne court plus que sur le pied de l'intérêt légal, jusqu'au remboursement ; mais tous les arrérages dus antérieurement doivent être acquittés, parce qu'ils sont le prix du risque qui a effectivement couru pendant ce temps. [1]

Le créancier de la rente peut encore demander la résolution du contrat, lorsque le débiteur aliène tout ou partie des immeubles hypothéqués pour sûreté de la rente [2] ; parce que, ne pas fournir les sûretés promises, ou faire disparoître ou diminuer celles qui ont été données, en aliénant tout ou partie du gage du créancier, est une seule et même chose.

Le seul défaut de paiement des arrérages de la rente n'autorise pas celui en faveur de qui elle est constituée, à demander le remboursement du capital, ou à rentrer dans le fonds par lui aliéné : il n'a que le droit de saisir et de faire vendre les biens de son débiteur, et de faire ordonner ou consentir, sur le produit de la vente, l'emploi d'une somme suffisante pour le service des arrérages. [3]

S'il en étoit autrement, il n'y auroit point de solidité dans les contrats ; ils seroient dissous par la plus légère infraction de la part d'un des contractans : on feroit prononcer la nullité d'un acte, lorsqu'on n'a que le droit d'en demander l'exécution.

Cependant il est permis de stipuler qu'*à défaut de paiement des arrérages, le contrat de rente viagère sera résolu, et que le créancier pourra rentrer dans son capital ou dans l'immeuble dont elle est le prix.* Non-seulement l'article 1978 n'exclut pas cette

---

1 Pothier, Traité du contrat de constitution, n.° 229, 230.

2 Arrêt de la Cour d'appel de Colmar, du 25 Août 1810.

3 Art. 1978, Code civil.

stipulation, il semble même l'autoriser par ces mots : *le seul défaut de paiement des arrérages*, *etc.* [1]

D'ailleurs, une telle stipulation n'a rien de contraire ni aux lois, ni aux bonnes mœurs; et rappelons-nous toujours que les conventions licites forment la loi des contractans : *pacta faciunt leges.* [2]

Le débiteur ne peut se libérer du paiement de la rente en offrant la restitution du prix ou du capital, et en renonçant à la répétition des arrérages payés; car il ne doit pas ce prix, qui a cessé d'appartenir au créancier et qui lui est devenu propre : il s'est soumis à une prestation annuelle qui est irrachetable, dont la durée doit être plus ou moins longue, et qui n'a de terme que la mort de l'individu sur la tête de qui elle est constituée. [3]

Le remboursement dénatureroit le contrat, puisqu'il feroit cesser l'incertitude et le hasard qui en sont la base.

De-là il suit que ni le débiteur fatigué de payer une rente qui ne s'éteint pas conformément aux calculs qu'il avoit faits, ni le créancier qui se repent d'avoir perdu son fonds, ne peuvent, à moins d'un commun accord, offrir ou exiger le remboursement.

La rente viagère, dépendant de l'existence de la tête sur laquelle elle a été constituée, n'est due que dans la proportion du nombre de jours que le propriétaire a vécu, ou la personne sur la tête de laquelle elle est constituée, si c'est un autre que lui; c'est-à-dire que, si l'individu sur la tête duquel la rente est constituée, meurt au milieu d'un terme, on ne paiera au propriétaire que le nombre de jours que la personne a vécu, à moins qu'on n'eût stipulé que la rente sera payable d'avance : dans ce cas le terme dans lequel on est entré, sera gagné; il transmet ce droit dans sa succession, et ce terme doit être payé à ses héritiers. [4]

---

1 MALEVILLE, Analyse du Code civil, art. 1978. Arrêt de la Cour de cassation, du 28 Mars 1817.

2 Art. 1134, Cod. civ.

3 Art. 1979, *idem*. Arrêt de la Cour de cassation, du 21 Messidor an 4.

4 Art. 1980, Cod. civ.

Le propriétaire de la rente viagère n'en peut demander les arrérages qu'en justifiant de son existence, si elle est sur sa tête; ou de l'existence de la tête sur laquelle elle a été constituée, si elle est sur une autre tête que la sienne.

Si elle a été constituée sur plusieurs têtes, et qu'elle n'ait pas été stipulée réductible par le décès de l'une ou de plusieurs des têtes, il suffit au propriétaire de la rente de justifier de l'existence d'une des têtes. [1]

CHAPITRE IV.

Des personnes entre lesquelles le contrat de rente viagère peut intervenir.

L'aliénation du capital de la rente viagère étant absolue, il est clair que l'on ne peut placer à rente viagère que les deniers ou les choses dont on a la libre disposition : d'où il suit que les administrateurs des biens d'autrui ne peuvent les aliéner à rente viagère; pareillement ceux qui n'ont que la jouissance et l'administration de leurs capitaux, ne peuvent les placer en rentes viagères.

La constitution de rente viagère participant de la vente, le mari et la femme, même séparés de biens ou mariés sous le régime dotal, ne peuvent constituer une rente viagère au profit l'un de l'autre, que dans les cas et pour les causes qui rendent la vente licite entre époux. [2]

La rente viagère constituée au profit et sur les deux têtes du mari et de la femme pour prix du propre de l'un d'eux, appartient tout entière à celui-ci, et s'il prédécède, ses héritiers seuls en jouissent sur la tête de l'époux survivant. [3]

La rente viagère constituée des deniers de la communauté au profit et sur les deux têtes du mari et de la femme, appartient,

---

1 Art. 1983, Code civ.

2 POTHIER, Traité du contrat de constitution, n.° 241.

3 *Ibidem.*

après le décès de l'un des époux, pour moitié à l'époux survivant, et pour moitié aux héritiers de l'autre époux. [1]

Si l'époux survivant est donataire en usufruit des biens du prédécédé, il percevra, pendant sa vie, tous les arrérages de la rente viagère courus depuis le décès, sans que la succession soit tenue à aucune restitution. [2]

CHAPITRE V.

Des manières dont s'éteignent les rentes viagères.

Les rentes viagères s'éteignent de l'une des manières suivantes :

I. Par la mort naturelle de la personne sur la tête de laquelle elles ont été constituées ;

Si elles ont été constituées sur plusieurs têtes, par la mort de la dernière vivante.

Elles ne s'éteignent point par la mort civile du propriétaire, ni de la personne sur la tête de laquelle elle est constituée ; le traitement doit en être continué pendant sa vie naturelle [3], parce que la mort civile n'est pas entrée dans les calculs des contractans : ils n'ont pu ni dû la prévoir.

Cependant il faut distinguer : ou il s'agit d'une rente viagère constituée pour alimens, ou il s'agit de toute autre rente viagère.

Au premier cas, c'est au mort civilement que la rente doit être continuée pendant sa vie naturelle. Le mort civilement peut acquérir des pensions alimentaires [4] ; il peut donc, à plus forte raison, conserver celles qu'il avoit acquises avant sa mort civile.

Au deuxième cas, la rente doit être continuée aux héritiers du

---

1 Potier, Traité du contrat de constitution, n.º 242.

2 Art. 588, Cod. civ.

3 Art. 1982, id.

4 Art. 25, id.

mort civilement, à charge de lui en remettre la portion nécessaire à sa subsistance. [1]

La rente viagère n'est pas éteinte par le décès du créancier, lorsque c'est le débiteur de la rente qui lui donne criminellement la mort. En ce cas il y a lieu à la résolution du contrat. [2]

II. Par le rachat, quand il est accepté volontairement, ou quand il a été stipulé ; car rien ne s'oppose à une semblable convention : ou, enfin, dans les cas et pour les causes qui donnent au rentier le droit de l'exiger.

III. Par la prescription de trente ans.

En cas d'absence, sans nouvelles pendant un long temps, de celui sur la tête de qui la rente est constituée. La prescription ne court pas durant cette absence, attendu l'impossibilité où est le créancier de demander le paiement de ses arrérages, faute de pouvoir justifier de l'existence de l'absent : *contra non valentem agere non currit præscriptio.* [3]

IV. Et, enfin, par les autres causes qui éteignent les obligations principales, telles que la remise, la novation, la confusion.

1 MERLIN, Nouv. Répert. de jurispr., *verbo* Rente viagère, n.° 14.
2 Arrêt de la Cour de Poitiers, du 13 Nivôse 10. Art. 1184, Cod. civ.
3 POTHIER, Traité du contrat de constitution, n.° 259.

FIN.